ENGLISH G

access

3

VOKABELTASCHENBUCH

Vokabeltrainer-App

Verfügbar für: iOS, Android und Windows Phone

Hier siehst du, wie das **Vocabulary** aufgebaut ist:

Diese Zahl gibt die **Seite** an, auf der die Wörter zum ersten Mal vorkommen.
p. 11 = Seite 11

Die **Lautschrift** zeigt dir, wie ein Wort ausgesprochen wird. Eine Übersicht über alle **Lautschriftzeichen** findest du auf S. 62.

Eingerückte Wörter lernst du am besten zusammen mit dem vorausgehenden Wort, weil die beiden zusammengehören.

Diese **Kästen** solltest du dir immer besonders gut ansehen: Hier sind Vokabeln zu einem bestimmten Thema zusammengestellt. Oder du erfährst mehr über ein Wort und wie es verwendet wird.

Dies ist das „Gegenteil"-Zeichen: **true** ist das Gegenteil von **false**.

Das **rote Ausrufezeichen** bedeutet: Vorsicht, hier macht man leicht Fehler!

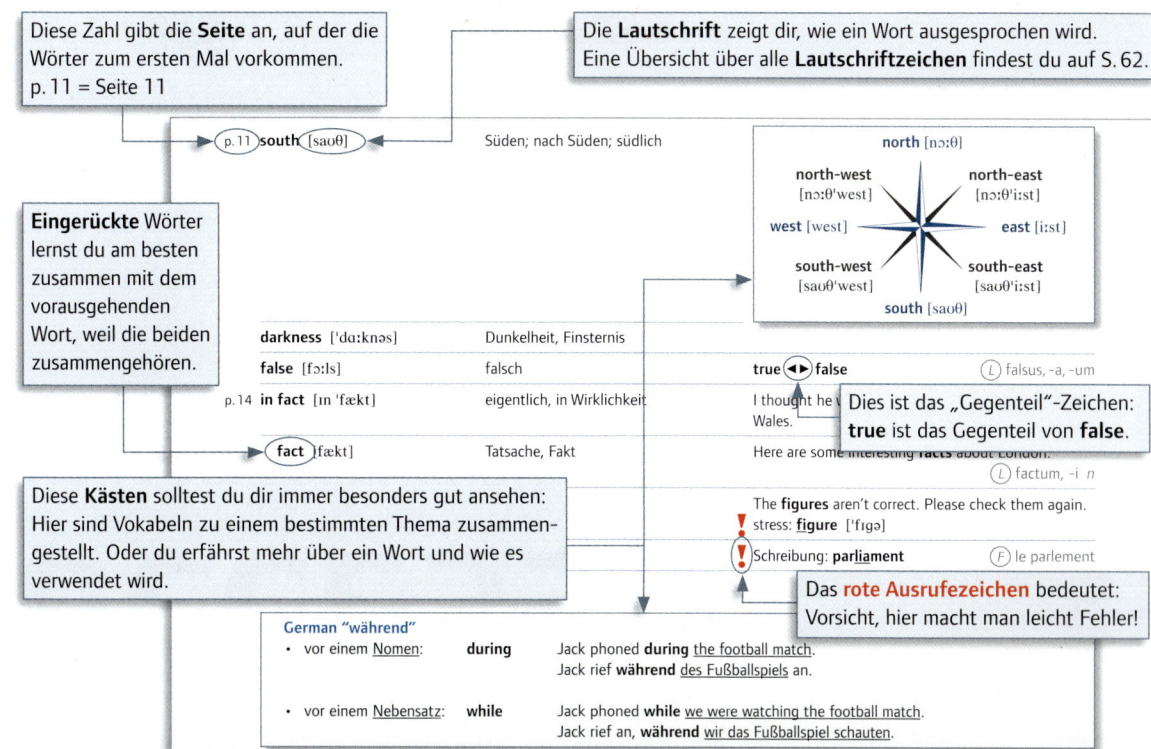

p. 11 **south** [saʊθ] — Süden; nach Süden; südlich

north [nɔːθ]
north-west [nɔːθ'west]
north-east [nɔːθ'iːst]
west [west]
east [iːst]
south-west [saʊθ'west]
south-east [saʊθ'iːst]
south [saʊθ]

darkness ['dɑːknəs] — Dunkelheit, Finsternis

false [fɔːls] — falsch

true ◄►false — Ⓛ falsus, -a, -um

p. 14 **in fact** [ɪn 'fækt] — eigentlich, in Wirklichkeit
I thought he w... Wales.

fact [fækt] — Tatsache, Fakt
Here are some interesting **facts** about London.
Ⓛ factum, -i *n*

The **figures** aren't correct. Please check them again.
❗ stress: **figure** ['fɪgə]

❗ Schreibung: **parliament** — Ⓕ le parlement

German "während"
- vor einem <u>Nomen</u>: **during** — Jack phoned **during** <u>the football match</u>.
  Jack rief **während** <u>des Fußballspiels</u> an.
- vor einem <u>Nebensatz</u>: **while** — Jack phoned **while** <u>we were watching the football match</u>.
  Jack rief an, **während** <u>wir das Fußballspiel schauten</u>.

Im **Vocabulary** werden folgende **Abkürzungen** verwendet:

p. = page (Seite)   pp. = pages (Seiten)

sth. = something (etwas)   sb. = somebody (jemand)

jn. = jemanden   jm. = jemandem

pl = plural (Mehrzahl)

infml = informal (umgangssprachlich)

(*F*) = *verwandtes Wort im Französischen*

(*L*) = *verwandtes Wort im Lateinischen*

· Eine Liste der **unregelmäßigen Verben** steht auf den Seiten 56–60.
· **Hinweise zu *false friends***, bei denen man leicht Fehler macht, stehen auf S. 61.
· Eine Übersicht über die **Lautschriftzeichen** und das englische **Alphabet** findest du auf S. 62.

Unit 1 This is London

the best thing about …	das Beste an …	**The best thing about** the film was the music.

Part A

p. 10

huge [hjuːdʒ]	riesig, sehr groß	Little Andrew got a **huge** teddy bear for his birthday.
as soon as [əz ˈsuːn_əz]	sobald, sowie	I'll call you **as soon as** I'm home.
cathedral [kəˈθiːdrəl]	Kathedrale, Dom	❗ Betonung: **ca<u>the</u>dral** [kəˈθiːdrəl] ⓕ la cathédrale
palace [ˈpæləs]	Palast, Schloss	❗ Betonung: **<u>pa</u>lace** [ˈpæləs] ⓕ le palais
Welsh [welʃ]	Walisisch; walisisch	Some people in Wales speak English and **Welsh**.
(to) reply (to) [rɪˈplaɪ]	antworten (auf); erwidern, entgegnen	Why didn't you **reply to** my email? "That isn't London Bridge," he **replied**. "It's Tower Bridge."
Europe [ˈjʊərəp]	Europa	
western [ˈwestən]	westlich, West-	Spain is one of the biggest countries in **western** Europe.
I see.	Aha! / Verstehe.	
lift [lɪft]	Fahrstuhl, Aufzug	
amazing [əˈmeɪzɪŋ]	erstaunlich, unglaublich	
How do you know …?	Woher weißt/kennst du …?	**How do you know** so much about cows? – My grandparents have a farm.

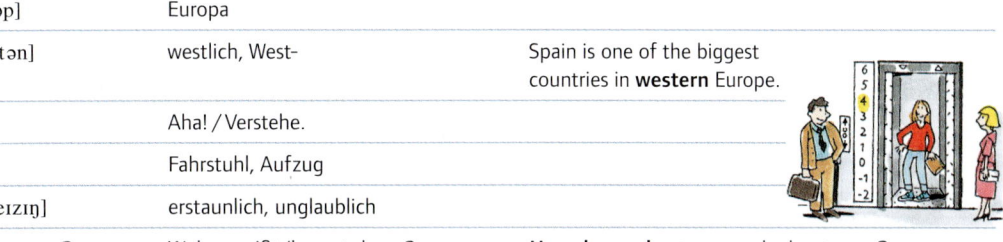

post [pəʊst]	Posting *(auf Blog)*, Blog-Eintrag	
carnival [ˈkɑːnɪvl]	Karneval, Fasching	**Carnival** is a big event in German cities like Cologne and Mainz, but people in Britain don't celebrate it. ❗ In Großbritannien wird mit **carnival** jegliche Art von Straßenumzügen mit Musik- und Tanzgruppen, Festwagen u.Ä. bezeichnet.
test [test]	Test	
(to) **be into** sth. *(infml)*	etwas mögen, auf etwas stehen	My sister **is into** reggae at the moment.
(to) **enjoy** [ɪnˈdʒɔɪ]	genießen	The film was fantastic. I really **enjoyed** it.
by the way [ˌbaɪ ðə ˈweɪ]	übrigens	Oh, **by the way,** Grandma called this morning.
p. 11 **south** [saʊθ]	Süden; nach Süden; südlich	

north [nɔːθ]
north-west [ˌnɔːθˈwest] **north-east** [ˌnɔːθˈiːst]
west [west] **east** [iːst]
south-west [ˌsaʊθˈwest] **south-east** [ˌsaʊθˈiːst]
south [saʊθ]

darkness [ˈdɑːknəs]	Dunkelheit, Finsternis	
clue [kluː]	(Lösungs-)Hinweis; Anhaltspunkt	Nobody knows who killed the man. The police are still looking for **clues** in his house.

skyline [ˈskaɪlaɪn]	Skyline; Horizont		
false [fɔːls]	falsch	**true** ◄► **false**	(L) falsus, -a, -um
p. 12 (to) **go together**	zusammenpassen, zueinander passen	I don't think pink and orange **go together**.	
the Tube [tjuːb] *(no pl)*	die U-Bahn *(in London)*	*English:* **on** the Tube *German:* **in** der U-Bahn	
the underground [ˈʌndəɡraʊnd] *(no pl)*	die U-Bahn	In London, **the underground** is called "the Tube".	
(to) **stay (at/with)** [steɪ]	*(vorübergehend)* wohnen, übernachten (in/bei)	Did you **stay at** a hotel? – No, we didn't. We **stayed with** my grandma.	
timetable [ˈtaɪmteɪbl]	Fahrplan	❗ **timetable** = 1. Stundenplan; 2. Fahrplan	
gallery [ˈɡæləri]	Galerie	❗ Betonung: **gallery** [ˈɡæləri]	(F) la galerie
restaurant [ˈrestrɒnt]	Restaurant		(F) le restaurant
p. 13 **stress** [stres]	Betonung	Where's the **stress** in "gallery"? – On the first syllable.	
stress mark [ˈstres mɑːk]	Betonungszeichen		
small talk	Smalltalk *(spontan geführtes Gespräch in umgangssprachlichem Ton)*		
culture [ˈkʌltʃə]	Kultur	❗ stress: **culture** [ˈkʌltʃə]	
			(F) la culture (L) cultura, -ae *f*

(to) **expect** sth. [ɪk'spekt]	etwas erwarten	Ⓛ exspectare

Part B

p.14 **attraction** [ə'trækʃn]	Attraktion; Anziehungspunkt	The British Museum is one of London's biggest tourist **attractions**.
		Ⓕ l'attraction *(f)* Ⓛ trahere *(ziehen)*
natural history [ˌnætʃrəl 'hɪstri]	Naturkunde	
entry ['entri]	Eintritt, Zutritt	**Entry** into museums is usually free in Britain.
		Ⓕ l'entrée *(f)*
in fact [ɪn 'fækt]	eigentlich, in Wirklichkeit	I thought he was English, but **in fact** he was from Wales.
fact [fækt]	Tatsache, Fakt	Here are some interesting **facts** about London.
		Ⓛ factum, -i *n*
the UK (the United Kingdom) [ˌjuː 'keɪ], [juˌnaɪtɪd 'kɪŋdəm]	das Vereinigte Königreich	**the UK** = Great Britain (England, Scotland, Wales) and Northern Ireland
(to) **reserve** [rɪ'zɜːv]	reservieren, buchen	We'll have to **reserve** a table if we want to eat there.
		Ⓕ réserver
step [step]	Stufe	❗ **step** = 1. Stufe; 2. Schritt **steps**

chance [tʃɑːns]	Gelegenheit, Möglichkeit, Chance	If you have the **chance**, you should go to the British Museum. (F) la chance	
p. 15 **figure** ['fɪɡə]	Zahl, Ziffer	The **figures** aren't correct. Please check them again. ❗ stress: **figure** ['fɪɡə]	
less (than) [les]	weniger (als)	I have **less** money than you. = You have more money than me.	
tortoise ['tɔːtəs]	(Land-)Schildkröte	a **tortoise**	
on top of each other	übereinander, aufeinander	Can you put all those plates **on top of each other**, please?	
parliament ['pɑːləmənt]	Parlament	❗ Schreibung: **parliament** (F) le parlement	
at one time	zur selben Zeit, gleichzeitig	It's hard to understand if everyone talks **at one time**.	
Christmas ['krɪsməs]	Weihnachten	❗ Der 1. Weihnachtsfeiertag heißt **Christmas Day**.	
ticket office ['tɪkɪt ˌɒfɪs]	Fahrkartenschalter; Kasse *(für den Verkauf von Eintrittskarten)*		
detail ['diːteɪl]	Detail, Einzelheit	❗ stress: **detail** ['diːteɪl] (F) le détail	
adult ['ædʌlt]	Erwachsene(r)	Free entry for children. **Adults** pay £1.50. (F) l'adulte *(m/f)*	
a family of four	eine vierköpfige Familie		

during [ˈdjʊərɪŋ]	während	

> **German "während"**
> - vor einem <u>Nomen</u>:   **during**   Jack phoned **during** <u>the football match</u>.
>   Jack rief **während** <u>des Fußballspiels</u> an.
>
> - vor einem <u>Nebensatz</u>:   **while**   Jack phoned **while** <u>we were watching the football match</u>.
>   Jack rief an, **während** <u>wir das Fußballspiel schauten</u>.

(to) **guard** [gɑːd]	bewachen	
raven [ˈreɪvn]	Rabe	a **raven**
blood [blʌd]	Blut	
(to) **be home to** sth.	Heimat sein für etwas; etwas beheimaten	The Amazon area **is home to** the world's largest rainforest.
jewels *(pl)* [ˈdʒuːəlz]	Juwelen	❗ stress: <u>jew</u>els [ˈdʒuːəlz]
education [ˌedʒuˈkeɪʃn]	(Schul-, Aus-)Bildung; Erziehung	You need a good **education** if you want to get a good job. Ⓕ l'éducation *(f)* Ⓛ educere *(großziehen)*
p. 16 **instead of** [ɪnˈsted_əv]	anstelle von, statt	❗ • **instead of** = <u>anstelle von</u> – I'd like chips **instead of** rice, please. • **instead** = <u>stattdessen</u> – I don't like rice. Can I have chips **instead**?

exact [ɪgˈzækt]	genau		What's the **exact** size of London? Do you know?
linking word [ˈlɪŋkɪŋ wɜːd]	Bindewort		
(to) **link** [lɪŋk]	verbinden, verknüpfen		You can **link** two sentences with "and", for example.
queue [kjuː]	Schlange, Reihe *(wartender Menschen)*	a **queue** They're queuing in front of the cinema.	
worth [wɜːθ]	wert		The correct answer is **worth** five points.
(to) **roar** [rɔː]	brüllen		
crowded [ˈkraʊdɪd]	voller Menschen; überfüllt		The old city centre is often **crowded** with tourists.
p.17 **feedback** [ˈfiːdbæk]	Rückmeldung, Feedback		The hotel wants to get some **feedback** from the people who have stayed there.
(to) **improve** [ɪmˈpruːv]	verbessern; sich verbessern		This book helps you to **improve** your English. Your English will **improve** if you watch English films.
(to) **react (to)** [riˈækt]	reagieren (auf)		I called him but he didn't **react**. Ⓕ réagir
content [ˈkɒntent]	Inhalt		Ⓕ le contenu
(to) **connect** [kəˈnekt]	verbinden, verknüpfen		= (to) link
(to) **point** sth. **out (to** sb.**)** [ˌpɔɪntˈaʊt]	(jn.) auf etwas hinweisen		"Be careful!" he said, and **pointed out** a snake in the grass.

spelling ['spelɪŋ]	Rechtschreibung; Schreibweise	

p. 18 **line** [laɪn] (U-Bahn-)Linie _(F)_ la ligne _(L)_ linea, -ae _f_

northbound ['nɔːθbaʊnd]	Richtung Norden	

northbound
westbound ←→ eastbound
southbound

(to) **change** [tʃeɪndʒ]	umsteigen	Take the Bakerloo Line southbound and **change** to the Central Line westbound at Oxford Circus. _(F)_ changer

p. 19 (to) **be slow** nachgehen _(Uhr)_ It's twenty past eight. – No, it isn't. It's half past eight. Your watch **is slow**. (to) **be slow** ◄► (to) **be fast**

(to) **work**	funktionieren	I need your help. My computer doesn't **work**.
(to) **head for** sth. [hed]	auf etwas zusteuern/zugehen/zufahren	As soon as we arrived at the coast, we **headed for** the beach.
announcement [ə'naʊnsmənt]	Durchsage, Ansage	We'll have to wait for the **announcement** to find out where our train leaves. _(F)_ l'annonce _(f)_
message ['mesɪdʒ]	Botschaft, Aussage	❗ **message** = _(F)_ le message 1. <u>Nachricht</u> – John left a **message** for you. 2. <u>Botschaft</u> – I think the poem has an interesting **message**.

| **platform** [ˈplætfɔːm] | Bahnsteig, Gleis | |

Part C

p. 20

(to) be on	eingeschaltet sein, an sein *(Radio, Licht usw.)*; laufen, übertragen werden *(Programm, Sendung)*	The lights **are on**, so they must be at home. (to) **be on** ◄► (to) **be off** Can we watch TV, Mum? The football **is on**.
No way! [ˌnəʊ ˈweɪ]	Auf keinen Fall! / Kommt nicht in Frage!	Dad, can you give me £120 for a new pair of jeans? – £120? **No way!** You can have £70.
for hours/weeks/…	seit Stunden/Wochen/…	"You've been watching TV **for hours**." –
since 10 o'clock/last week/… [sɪns]	seit 10 Uhr/letzter Woche/…	"No, I haven't. I've been watching TV **since 10**."
And anyway, … [ˈeniweɪ]	Und überhaupt, …	I don't have time to go. **And anyway**, it's too expensive.
try [traɪ]	Versuch	verb: (to) **try** – noun: **try**
remote control [rɪˌməʊt kənˈtrəʊl] *(kurz auch: **remote**)*	Fernbedienung	**remote controls**

(to) **turn** sth. **up/down** [tɜːn]   etwas lauter/leiser stellen   Can you **turn up** the radio? I want to hear the news.

(to) turn
1. The London Eye **turns** very slowly.   sich drehen
2. The woman **turned** (*auch:* **turned round / turned around**) and looked at me.   sich umdrehen
3. The boy **turned to** his father and smiled.   sich jm. zuwenden
4. Please **turn on** the TV. And **turn up** the sound.   einschalten … lauter stellen
5. First you **turn left**. Then you **turn right**.   (nach) links/rechts abbiegen

each other [iːtʃ_ˈʌðə]   sich (gegenseitig), einander   Luke looked at Mo and Mo looked at Luke. = Luke and Mo looked at **each other**.

pub [pʌb]   Kneipe, Lokal

a while [waɪl]   eine Weile, einige Zeit   First we watched the monkeys **for a while**. (… eine Weile, eine Zeit lang)

tap [tæp]   *(leichtes)* Klopfen   In the middle of night, we heard a **tap** on the door.

Off you go now. [ɒf]   Ab mit euch jetzt! / Los mit euch jetzt!

off
1. **weg, los**   The thieves took our bag and ran **off**. She turned around and walked **off**.   2. **von … herunter**   He fell **off** his bike and broke his leg. She jumped **off** the wall and ran away.

- (to) **get off the bus/boat/plane**   aus dem Bus/Boot/Flugzeug aussteigen
- (to) **take** sth. **off**   etwas ausziehen *(Kleidung)*; etwas absetzen *(Hut, Helm)*
- (to) **turn** sth. **off**   etwas ausschalten *(Radio, Fernsehen, Licht)*

towards the station/Mr Bell [təˈwɔːdz]	auf den Bahnhof/Mr Bell zu, in Richtung Bahnhof/Mr Bell	When the fire started, everyone ran **towards** the door.
p.21 **tense** [tens]	(grammatische) Zeit, Tempus	the **past tense**, the **present tense**, the **future tense** ⓛ tempus, -oris *n*
(to) **go on**	im Gang sein; andauern	The film was so boring, and it **went on** for hours.
situation [ˌsɪtʃuˈeɪʃn]	Situation	❗ stress: **situation** [ˌsɪtʃuˈeɪʃn] ⒡ la situation
p.22 **route** [ruːt]	Strecke, Route	⒡ la route
speed [spiːd]	Geschwindigkeit	
It was a pity that … [ˈpɪti]	Es war schade, dass …	**It's a pity that** Jake can't come to our party.

The Notting Hill Carnival Parade

p.24 (to) **hold onto** sth. [həʊld], **held, held** [held]	sich an etwas festhalten	She **held onto** the table and tried to stand up.
(to) **scan** sth. **(for** sth.**)** [skæn]	etwas (nach etwas) absuchen	I **scanned** the crowd/the garden for my sister but couldn't see her.
(to) **fill** [fɪl]	füllen	
pavement [ˈpeɪvmənt]	Gehweg, Bürgersteig	
available [əˈveɪləbl]	erhältlich, verfügbar; erreichbar *(am Telefon)*	Tickets for the concert will be **available** soon.
all around her	überall um sie herum	Suddenly there was darkness **all around** her.

whistle ['wɪsl]	(Triller-)Pfeife	a **whistle**
(to) **blow the whistle** [bləʊ], **blew** [bluː], **blown** [bləʊn]	pfeifen *(auf der Trillerpfeife)*	
(to) **panic** ['pænɪk]	in Panik geraten	❗ spelling: -ing form: **panicking**; simple past: **panicked** ⒡ paniquer
exactly [ɪg'zæktli]	genau	❗ • adjective: **exact** – What's the **exact** size of Spain? • adverb: **exactly** – Sue and Jack are **exactly** the same size. ⒡ exactement
(to) **bend down** [bend], **bent**, **bent** [bent]	sich hinunterbeugen, sich bücken	She saw a coin on the ground and **bent down** to pick it up.
rope [rəʊp]	Seil	
wing [wɪŋ]	Flügel	**wing**
rainbow ['reɪnbəʊ]	Regenbogen	
dizzy ['dɪzi]	schwindlig	All the noise and the lights made her feel **dizzy**.
hip [hɪp]	Hüfte	
you	man	How do **you** say that in English? (Wie sagt man …?) That's not how **you** do it! (So macht man das nicht!)
rhythm ['rɪðəm]	Rhythmus	⒡ le rythme
p. 25 (to) **scare** sb. [skeə]	jn. erschrecken; jm. Angst machen	verb: (to) **scare** – adjectives: **scared** (verängstigt) **scary** (unheimlich)

loudspeaker [ˌlaʊd'spiːkə]	Lautsprecher; Megaphon	
(to) **mind** [maɪnd]	etwas dagegen haben	

(to) mind	
He **won't mind** if we sit down here for a while.	Es wird ihm nichts ausmachen. … / Er wird nichts dagegen haben, …
I'd like to ask you a question, **if you don't mind**.	…, wenn Sie nichts dagegen haben.
Do you mind if I open the window?	Stört es Sie, …? / Haben Sie etwas dagegen, …?

(to) **rest** [rest]	ruhen, sich ausruhen	They sat down in the park to **rest** for a moment.
no sign of … [saɪn]	keine Spur von …	We scanned the crowd, but there was **no sign of** my sister.
…, he said **under his breath.** [breθ]	…, sagte er flüsternd / murmelte er.	

Unit 2   Welcome to Snowdonia
Part A

p. 30 **empty** ['empti]	leer	full ◄► empty
scientist ['saɪəntɪst]	Naturwissenschaftler/in	someone who has studied science
		Ⓛ scientia, -ae f (Wissen)
(to) **study** ['stʌdi]	studieren; untersuchen, beobachten; lernen	She **studied** English in Dublin in the 1980s. His dream was to **study** seals on the Welsh coast. There's a test on Monday so I have to **study** at the weekend. Ⓛ studere

workshop ['wɜːkʃɒp]	Werkstatt	❗ **workshop** = 1. Werkstatt; 2. Lehrgang, Workshop
carpenter ['kɑːpəntə]	Tischler/in, Zimmerer/Zimmerin	someone who works with wood to make things like tables, chairs, etc.
furniture ['fɜːnɪtʃə] *(no pl)*	Möbel	❗ **furniture** hat keinen Plural: The **furniture is** new. Die **Möbel sind** neu. **ein** Möbel(stück) = <u>**a piece of**</u> furniture
oil [ɔɪl]	Öl	
a piece of ... [piːs]	ein Stück ...	a piece of wood a piece of paper
hammer ['hæmə]	Hammer	
(to) **come over (to)**	herüberkommen (zu/nach), vorbeikommen (bei)	Why don't you **come over to** our place on Friday evening?
probably ['prɒbəbli]	wahrscheinlich	❗ • adverb: **probably** („wahrscheinlich") – Jake is late. He's **probably** missed the bus again. • adjective: **probable** („wahrscheinlich") – How **probable** is a white Christmas this year?
(to) **make fun of** sb./sth.	sich über jn./etwas lustig machen	Don't **make fun of** me or I'll tell Mum!
(to) **give up**	aufgeben	
tonight [tə'naɪt]	heute Nacht, heute Abend	

p. 31	**architect** [ˈɑːkɪtekt]	Architekt/in	❗ stress: a**rch**itect [ˈɑːkɪtekt]
			Ⓕ l'architecte *(m/f)* Ⓛ architectus, -i *m*
	astronaut [ˈæstrənɔːt]	Astronaut/in	❗ stress: **astr**onaut [ˈæstrənɔːt]
			Ⓕ l'astronaute *(m/f)* Ⓛ nauta, -ae *m (Seemann)*
	hairdresser [ˈheədresə]	Friseur/in	
	musician [mjuˈzɪʃn]	Musiker/in	someone who plays an instrument
			Ⓕ le musicien, la musicienne
	painter [ˈpeɪntə]	Maler/in	Ⓕ le/la peintre
	natural [ˈnætʃrəl]	natürlich	the **natural** world = die Welt der Natur, die Natur
			Ⓛ natura, ae *f (Geburt; Wesen)*
p. 32	**headword** [ˈhedwɜːd]	Stichwort *(im Wörterbuch)*	
	part of speech [ˌpɑːt_əv ˈspiːtʃ]	Wortart	Nouns, verbs, adjectives, etc. are all **parts of speech**.
	translation [trænsˈleɪʃn]	Übersetzung	verb: (to) **translate** – noun: **translation**
			Ⓛ transferre *(hinübertragen)*
	coal [kəʊl]	Kohle	
	underground [ˌʌndəˈɡraʊnd]	unterirdisch, unter der Erde	Some animals – like rabbits – live **underground**.
	(to) **ground** sb. [ɡraʊnd]	jm. Hausarrest/Ausgehverbot erteilen	If you come home so late again, I'll **ground** you for two weeks.

official [əˈfɪʃl] *(adj)*	amtlich, Amts-	❗ stress: of**fi**cial [əˈfɪʃl]	Ⓕ officiel, le
official [əˈfɪʃl] *(n)*	Beamte(r), Beamtin		Ⓛ officium, -i *n (Dienst)*
police *(pl)* [pəˈliːs]	Polizei	❗ **police** ist ein Pluralwort! *English:* The **police are** on **their** way. *German:* Die **Polizei ist** auf dem Weg.	

(to) look after/around/for/…

- (to) **look after** sb.   I often have to **look after** my little brother.   **aufpassen auf; sich kümmern um**
- (to) **look around**   I like your new flat. Can I **look around**?   **sich umsehen**
- (to) **look for** sb./sth.   I'm **looking for** my keys. Have you seen them?   **suchen**
- (to) **look forward to** sth.   We're all **looking forward to** the summer holidays.   **sich freuen auf**
- (to) **look into** sth.   The officials are going to **look into** the problem.   **untersuchen, prüfen**
- (to) **look up**   She heard a noise and **looked up** from her book.   **hochsehen, aufschauen**
- (to) **look** sth. **up**   I don't understand this word. I'll have to **look** it **up**.   **nachschlagen** *(Wörter, Informationen)*

(to) come across/down/over/…

- (to) **come across** sb./sth.   Later we **came across** a beautiful village.   **stoßen auf,** *(zufällig)* **treffen**
- (to) **come down with** sth.   Jack can't take part. He's **come down with** a cold.   **bekommen** *(Krankheit)***, erkranken an**
- (to) **come over**   John **came over** to watch the football with us.   **herüberkommen, vorbeikommen**
- (to) **come up with** sth.   Then my sister **came up with** a brilliant idea.   **haben, kommen auf** *(Idee, Vorschlag)*

Part B

p. 34 **national** [ˈnæʃnəl] | national, National- | ⚠ stress: **national** [ˈnæʃnəl]
| | | Ⓕ national, e   Ⓛ natio, -onis *f*

altogether [ˌɔːltəˈgeðə] | insgesamt, alles in allem | We've raised a lot of money for charity – £400 **altogether**.

hostel [ˈhɒstl] | Herberge, Wohnheim |

(to) **wonder** [ˈwʌndə] | sich fragen, gern wissen wollen | Have you ever **wondered** why we have Christmas trees?

(to) **pretend** [prɪˈtend] | so tun, als ob | He **pretended** to be ill so that he could miss school. The boys shouted after her, but she **pretended** not to hear them.

Me neither. [ˈnaɪðə], [ˈniːðə] | Ich auch nicht. | "I don't know the answer." – "**Me neither.**" **Me too.** ◄► **Me neither.**

(to) **go by** | vergehen, vorübergehen *(Zeit)* | Time always **goes by** too quickly in the holidays.

stupid [ˈstjuːpɪd] | dumm, blöd | **stupid** ◄► **clever**   Ⓕ stupide

downstream [ˌdaʊnˈstriːm] | flussabwärts |

The ball rolled down the hill and dropped off the **edge** of the cliff.

edge [edʒ] | Rand, Kante |

(to) **reach** [riːtʃ] | erreichen | If we leave now, we'll **reach** Wales before dinner.

stick [stɪk]	Stock		
(to) **grab** [græb]	schnappen, packen	I was late, so I **grabbed** my school bag and ran to the bus stop.	
p.35 **steep** [stiːp]	steil	You can't ride your bike up that hill. It's too **steep**.	
(to) **sing along (with** sb.**)**	(mit jm.) mitsingen		
(to) **join in (**sth.**)**	(bei etwas) mitmachen		
before long	schon bald	The afternoon passed quickly and **before long** it was time to say goodbye.	
(to) **tell** sb. **(not) to do** sth.	jn. auffordern, etwas (nicht) zu tun; jm. sagen, dass er/sie etwas (nicht) tun soll	The teacher **told** the students **to** be quiet. How often do I have to **tell** you **not to** hit your brother?	
p.36 **warning** ['wɔːnɪŋ]	Warnung		
movie ['muːvi]	Film		
p.37 **head teacher** [ˌhed 'tiːtʃə]	Schulleiter/in		
(to) **allow** [ə'laʊ]	erlauben, zulassen	❗ • (to) **allow** = <u>erlauben, zulassen</u> – **Does** your school **allow** you to use mobiles? • (to) **be allowed to do** sth. = <u>etwas tun dürfen</u> – **Are** you **allowed to use** mobiles at school?	
p.38 **topic sentence** [ˌtɒpɪk 'sentəns]	*Satz, der in das Thema eines Absatzes einführt*		

(to) be connected [kə'nektɪd]   verbunden sein

Numbers
- *English:* **3.5** = three **point** five
  German: **3,5** = drei **Komma** fünf
  Im Englischen steht ein **Punkt**,
  im Deutschen ein **Komma**.
- *English:* **1,500** = one thousand five hundred
  German: **1.500** = eintausendfünfhundert
  Im Englischen steht oft ein **Komma** in Zahlen, die größer
  als 1 000 sind. Im Deutschen steht dort manchmal ein **Punkt**.

---

climb [klaɪm]	Aufstieg, Anstieg	verb: (to) **climb** – noun: **climb**
summit ['sʌmɪt]	Gipfel	 *F* le sommet *L* summus, -a, -um *(höchster)*
(to) manage sth. ['mænɪdʒ]	etwas schaffen; etwas zustande bringen	We wanted to be back home at 6, but we didn't **manage** it. I didn't **manage** to visit the Tower while I was in London.
(to) continue sth. [kən'tɪnjuː]	etwas fortsetzen	We went inside and **continued** our conversation.
downhill [ˌdaʊn'hɪl]	bergab	**downhill** ◄► **uphill** (bergauf) **downstream** ◄► **upstream** (flussaufwärts)
energy ['enədʒi]	Energie, Kraft	❗ stress: **energy** ['enədʒi] *F* l'énergie *(f)*
a total of ... ['təʊtl]	eine Gesamtsumme von ...; insgesamt	We raised **a total of** £400 for charity.

bar [bɑː]	Riegel *(Schokolade, Müsli)*, Tafel *(Schokolade)*		
hero ['hɪərəʊ], *pl* **heroes**	Held/in		*(F)* le héros, la héroïne
(to) **revise** [rɪ'vaɪz]	überarbeiten; *(Lernstoff)* wiederholen	He had to **revise** his work because there were too many mistakes. I have a test tomorrow, so I must **revise** tonight. *(F)* réviser	
(to) **organize** ['ɔːgənaɪz]	organisieren; ordnen	❗ stress: **organize** ['ɔːgənaɪz]	*(F)* organiser
(to) **add (to)** [æd]	hinzufügen, addieren (zu)		*(L)* addere
p.39 **difficult** ['dɪfɪkəlt]	schwierig, schwer	easy ◄► difficult	
carrot ['kærət]	Möhre, Karotte	❗ stress: **carrot** ['kærət]	

Snowdonia at night

p.40 (to) **press** [pres]	drücken		
finally ['faɪnəli]	endlich, schließlich	He tried again and again to open the door, and **finally** he managed it. *(F)* finalement *(L)* finis, -is *m (Ende, Ziel)*	
(to) **be able to do** sth. ['eɪbl]	etwas tun können; fähig sein / in der Lage sein, etwas zu tun	Finally the rain stopped and we **were able to** go home.	

meal [miːl]	Mahlzeit, Essen	Me and my sister always prepare the evening **meal** on Fridays.
(to) **keep doing** sth. [kiːp], **kept, kept** [kept]	etwas immer wieder / immer weiter tun; etwas ständig tun	I tried to speak, but he **kept interrupting** me. **Keep smiling** – and never give up.
silently ['saɪləntli]	lautlos; schweigend	adverb: **silently** – adjective: **silent** (still, leise) $\textcircled{L}$ silentium, -i n (Schweigen)
corridor ['kɒrɪdɔː]	Gang, Korridor	a **corridor**
star [stɑː]	Stern	
magical ['mædʒɪkl]	zauberhaft, wundervoll; magisch	The first time I was on stage with my band was one of the most **magical** moments in my life.
(to) **lie down** [ˌlaɪ 'daʊn], **lay** [leɪ], **lain** [leɪn]	sich hinlegen	I'm so tired. I think I'll **lie down** for half an hour. (to) **lie down** ◄► (to) **get up**
busy ['bɪzi]	belebt, geschäftig, hektisch	It was too **busy** in the dining room, so we went upstairs. (etwa: Im Esszimmer war zu viel los, …) The week before Christmas is a **busy** time for most shops.
(to) **clear** [klɪə]	räumen; abräumen	(to) **clear** the table / the dishes / your desk / the road
breeze [briːz]	Brise	

(to) **have a look (at** sth.**)**	nachschauen; einen Blick auf etwas werfen	What was that noise in the garden? – I don't know. Let's go and **have a look**.	
(to) **sit up**	sich aufsetzen	The sound of a bell woke her. She **sat up** and opened her eyes.	
wooden ['wʊdn]	hölzern; Holz-	a **wooden** puppet	
wide [waɪd]	weit; breit	"Open your mouth **wide**, please," said the dentist. I don't think the Elbe is as **wide** as the Mississippi.	
figure ['fɪgə]	Figur, Gestalt	❗ **figure** = 1. Figur, Gestalt; 2. Zahl, Ziffer stress: **figure** ['fɪgə] ⒧ figura, -ae f	
p. 41 **note** [nəʊt]	Note (Musik)	❗ **note** = 1. Notiz, Mitteilung; 2. Note	
such a ... [sʌtʃ]	so ein/e ...; solch ein/e ...	**such a** thing/person = a thing/person like that	

such a + noun	**so + adjective**
Olivia is **such a** nice **person**.	Olivia is **so nice**.
... **so** ein netter Mensch	... **so** nett
It was **such a** good **film** that I watched it twice.	The film was **so good** that I watched it twice.
... **so** ein guter Film	... **so** gut

(to) **make** sth. **up**	sich etwas ausdenken	Today we had to **make up** a story and tell it to our classmates.
(to) **argue** ['ɑːgjuː]	streiten; sich streiten	My brother and sister **argue** from morning till night. "But, Mum ...," he said. "**Don't argue**," she replied. („Widersprich mir nicht" ...)

bite [baɪt]	Biss, Bissen	
director [dəˈrektə]	Leiter/in	(F) le directeur, la directrice
office [ˈɒfɪs]	Büro	(L) officium, -i n (Dienst)

p. 42 **how to do** sth.   wie man etwas macht / machen kann / machen soll   I don't know **how to do** this exercise. Can you help me?

Question word + to-infinitive: how to … / what to … / who to … / where to …

Can you tell me **how to get** to the station?	Können Sie mir sagen, wie ich zum Bahnhof komme/kommen kann?
I don't know **what to do**.	Ich weiß nicht, was ich tun soll.
I need help, but I don't know **who to ask**.	Ich brauche Hilfe, aber ich weiß nicht, wen ich fragen kann/soll.
We had no idea **where to go**.	Wir hatten keine Ahnung, wohin wir gehen sollten.

| (to) **behave** [bɪˈheɪv] | sich verhalten, sich benehmen | If you **behave** like that again, I'll ground you for a month. |
| **mop** [mɒp] | Wischmopp | noun: **mop** – verb: (to) **mop** (wischen (Fußboden)) |

He's **mopping** the floor.

(to) **splash** sb. [splæʃ]	jn. nass spritzen	
punishment [ˈpʌnɪʃmənt]	Bestrafung, Strafe	
point of view [ˌpɔɪnt_əv ˈvjuː]	Standpunkt	*English:* from my **point of view** *German:* von meinem **Standpunkt** aus gesehen; aus meiner **Sicht** (F) le point de vue

Unit 3 A weekend in Liverpool

p. 45	(to) **explore** [ɪkˈsplɔː]	erkunden, erforschen	It's exciting to **explore** new places.
			(F) explorer (L) explorare
	cruise [kruːz]	Kreuzfahrt, Schiffsreise, Bootsfahrt	They're going on a **cruise**.
	international [ˌɪntəˈnæʃnəl]	international	**national** ◄► **international** (F) international, e
			(L) inter nationes *(zwischen den Völkern)*
	slavery [ˈsleɪvəri]	Sklaverei	
	slave [sleɪv]	Sklave, Sklavin	(F) l'esclave *(m/f)*

Part A

p. 46	**stuff** [stʌf] *(infml)*	Zeug, Kram	What's the red **stuff** on your shirt? Ketchup?
	after that	danach	First I feed my cats. **After that** I have breakfast.
			after that ◄► **before that** (davor)
	normal [ˈnɔːməl]	normal	❗ stress: **normal** [ˈnɔːməl] (F) normal, e
	(to) **protest** [prəˈtest]	protestieren	(F) protester
	protest [ˈprəʊtest]	Protest	❗ verb: (to) **protest** [prəˈtest] – noun: **protest** [ˈprəʊtest]

guidebook ['gaɪdbʊk]	Reiseführer	
quite [kwaɪt]	ziemlich; völlig, ganz	It's **quite** cold. You should take a coat. You're **quite** right. It was my mistake.
banana [bə'nɑːnə]	Banane	Ⓕ la banane
actually ['æktʃuəli]	eigentlich; übrigens; tatsächlich	

> **actually**
>
> Das Wort **actually** kann im Deutschen – je nach Situation – mit **eigentlich, übrigens, tatsächlich** wiedergegeben werden. Manchmal hat es auch überhaupt keine Entsprechung.
>
> Man verwendet **actually**,
>
> - wenn man jemanden höflich darauf hinweisen möchte, dass er/sie etwas Falsches gesagt hat
>
>   I'm not English, **actually**: I'm Welsh.
>   **Actually**, London is bigger than Paris.
>
> - wenn man ausdrücken möchte, dass etwas in Wirklichkeit anders ist oder war, als man erwartet hat
>
>   I didn't think I would enjoy the party,
>   but it was **actually** fun.
>
> - als entschuldigende Einleitung, wenn man etwas Unangenehmes mitzuteilen hat.
>
>   When are you going to give me my MP3 player back?
>   – **Actually**, I can't. I've lost it.

(to) **cook** [kʊk]	kochen; zubereiten	

well-known [ˌwel'nəʊn], ['wel,nəʊn]	bekannt, wohlbekannt	❗ spelling: Lady Gaga is **well known** all over the world. She's a **well-known** singer.
engineer [ˌendʒɪ'nɪə]	Ingenieur/in	Ⓕ l'ingénieur Ⓛ ingenium, -i n *(Begabung)*
sportsperson ['spɔːtspɜːsn]	Sportler/in	
soldier ['səʊldʒə]	Soldat/in	Ⓕ le soldat, la soldate

(to) **design** [dɪˈzaɪn]	entwerfen, konstruieren, entwickeln	What's your uncle's job? – He **designs** cars.	
			(L) signum, -i n (Zeichen, Bild)
design [dɪˈzaɪn]	Design; Gestaltung; Konstruktion		
(to) **found** [faʊnd]	gründen	❗ (to) **found** – **founded** – **founded** (gründen)	
		(to) **find** – **found** – **found** (finden)	
(to) **invent** [ɪnˈvent]	erfinden	(F) inventer (L) invenire	
crossword [ˈkrɒswɜːd]	Kreuzworträtsel		
p. 49 **member** [ˈmembə]	Mitglied	(F) le membre (L) membrum, -i n	
p. 51 **introduction** [ˌɪntrəˈdʌkʃn]	Einleitung, Einführung	(F) l'introduction (f)	
body [ˈbɒdi]	Hauptteil (eines Textes)		
conclusion [kənˈkluːʒn]	Schluss(folgerung)	(F) la conclusion	
several [ˈsevrəl]	mehrere, verschiedene	**Several** shops here sell John Lennon sunglasses.	
opinion [əˈpɪnjən]	Meinung	English: **In my opinion …**	
		German: **Meiner Meinung nach …**	
		(F) l'opinion (f) (L) opinio, -onis f	
(to) **end** [end]	enden; beenden	(to) **start** ◄► (to) **end**	
schedule [ˈʃedjuːl]	(Zeit-)Plan, Programm	The starting time could change, so check the **schedule** before you come.	
(to) **get/have a day off** [ɒf]	einen Tag frei bekommen/haben	When Mum and Dad **have a day off**, we often go surfing or sailing.	

(to) **earn** [ɜːn]	verdienen (Geld)	
experience [ɪkˈspɪəriəns] (no pl)	Erfahrung(en)	We'd love to hear about your **experience** during your trip to Liverpool. (F) l'expérience (f) (L) peritus, -a, -um (erfahren)
As John Lennon said ...	Wie John Lennon (einmal) sagte ...	**As** you know, Liverpool is the home of the Beatles.
(to) **be born** [bɔːn]	geboren sein/werden	*English:* I **was born** in 1998. (*not:* I ~~am born~~ in ...) *German:* Ich **bin** 1998 **geboren**.
(to) **grow up** [ˌɡrəʊˈʌp], **grew up** [ˌɡruːˈʌp], **grown up** [ˌɡrəʊnˈʌp]	erwachsen werden; aufwachsen	When I **grow up**, I want to be an artist. When my grandparents were **growing up**, there was no internet.
modern [ˈmɒdən]	modern	❗ stress: **modern** [ˈmɒdən] (F) moderne
success [səkˈses]	Erfolg	(F) le succès
(to) **perform** [pəˈfɔːm]	auftreten (Künstler/in)	The Beatles first **performed** in the USA in 1964.
popular (with) [ˈpɒpjələ]	populär, beliebt (bei)	*English:* Beatles songs are very **popular with** people who were born in the 1950s and 1960s. *German:* ... beliebt **bei** ... (F) populaire (L) populus, -i m (Volk)
monument (to) [ˈmɒnjumənt]	Denkmal, Monument (für/zum Gedenken an)	(F) le monument (L) monumentum, -i n

a **one-hour** concert	ein **einstündiges** Konzert	*English:* a **one-hour** concert · a **three-week** holiday · a **30-minute** ride *German:* ein **einstündiges** Konzert · ein **drei-wöchiger** Urlaub · eine **30-minütige** Fahrt
(to) **remember** sth.	an etwas denken; sich etwas merken	**Remember**: The simple past of *do* is *did*. I can never **remember** your phone number. ❗ (to) **remember** sth. = 1. sich an etwas erinnern; 2. an etwas denken *(etwas nicht vergessen)*; 3. sich etwas merken
if	ob	❗ **if** = 1. <u>ob</u> – I don't know **if** I can come to your party. 2. <u>wenn, falls</u> – I'll come to your party **if** I can.
way [weɪ]	Art und Weise	

> **way ("Art und Weise")**
> Try to introduce your topic **in an interesting way**.   auf eine interessante Art und Weise
> **In this way**, you will make sure that everyone enjoys your talk.   auf diese Weise
> I like **the way** Oliver ended his talk.   die Art und Weise, wie …
> John is like his father **in some/many ways**.   in mancher/vielerlei Hinsicht

Part B

p.52 (to) **lead** [liːd], **led, led** [led]	führen, leiten	This road **leads** to the next village.
leader ['liːdə]	Leiter/in	Our Maths teacher is also **leader** of our school choir.

trade [treɪd]	Handel	the activity of buying and selling
mask [mɑːsk]	Maske	
horn [hɔːn]	Horn	
people ['piːpl]	Volk	*(L)* populus, -i *m*
clay [kleɪ]	Ton, Lehm	
shape [ʃeɪp]	Form, Gestalt	*English:* Those glasses **are** an interesting **shape.** *German:* Die Brille **hat** eine interessante **Form.**
pot [pɒt]	Gefäß; Topf	**several pots**
(to) carry ['kæri]	tragen; befördern	❗ He's **carrying** a heavy box. (Er trägt eine schwere Kiste.) He's **wearing** jeans and a red T-shirt. (Er trägt Jeans und ein rotes T-Shirt.) This ferry doesn't **carry** more than two cars.
bare [beə]	nackt, bloß *(Hände, Arme, Füße)*	
respect [rɪ'spekt]	Respekt, Achtung	
ancestor ['ænsestə]	Vorfahr/in	Our **ancestors** lived shorter lives than we do. *(F)* l'ancêtre *(m)*
p. 53 **captive** ['kæptɪv]	Gefangene(r)	*(L)* captivus, -i *m*

plantation [plɑːnˈteɪʃn]	Plantage	
cruel [ˈkruːl]	grausam	I don't like zoos. I think it's **cruel** to put animals in cages. (F) cruel, le (L) crudelis, -e
(to) **survive** [səˈvaɪv]	überleben	(F) survivre (L) vivere *(leben)*
conditions *(pl)* [kənˈdɪʃnz]	Verhältnisse, Bedingungen	It's too cold and too noisy in this office. I can't work in these **conditions**. (F) les conditions *(f)* (L) condicio, -onis *f*
triangle [ˈtraɪæŋgl]	Dreieck	(F) le triangle
room [ruːm]	Platz	There's not enough **room** for all of us in the car.
material [məˈtɪəriəl]	Material, Stoff	(F) le matériel
(to) **cover** [ˈkʌvə]	bedecken, zudecken	It was cold so she **covered** her baby with her jacket. His desk is always **covered** with books and articles.
contest [ˈkɒntest]	Wettbewerb	
goal net [ˈgəʊl net]	Tornetz	

p.54 applies to **room**
p.55 applies to **contest**

goal
goal net

airport [ˈeəpɔːt]	Flughafen	(F) l'aéroport *(m)* (L) portus, -us *m (Hafen)*
community [kəˈmjuːnəti]	Gemeinde; Gemeinschaft	Bayern Munich has a big **community** of fans all over Germany. (L) communis, -e *(gemeinsam)*
mosque [mɒsk]	Moschee	

Part C

p. 56	**score** [skɔː]	Spielstand; Punktestand	*English:* What's the **score**? *German:* Wie steht es?
	final ['faɪnl]	letzte(r, s), End-	The **final** score was 2 : 0. (*you say:* two nil)
p. 57	**sunshine** ['sʌnʃaɪn]	Sonnenschein	
p. 58	**referee** [ˌrefə'riː]	Schiedsrichter/in	
	goalkeeper ['gəʊlkiːpə]	Torwart, Torfrau	

referee / goalkeeper

(to) **order** ['ɔːdə]	ordnen	❗ (to) **order** = 1. ordnen; 2. bestellen the right **order** = die richtige Reihenfolge
(to) **structure** ['strʌktʃə]	strukturieren, gliedern	(F) structurer
equipment [ɪ'kwɪpmənt] (*no pl*)	Ausrüstung	(F) l'équipment (*m*)
stadium ['steɪdiəm]	Stadion	(F) le stade
pitch [pɪtʃ]	(Sport-)Platz, Spielfeld	
manager ['mænɪdʒə]	Trainer/in (*von Sportmannschaften*)	
scarf [skɑːf], *pl* **scarves** [skɑːvz]	Schal	
free kick [ˌfriː 'kɪk]	Freistoß	
p. 59 **bully** ['bʊli]	(Schul-)Tyrann	

| (to) **solve** [sɒlv] | lösen | We had a lot of problems at first, but in the end we **solved** them all. (L) solvere |
| **slow motion** [ˌsləʊ ˈməʊʃn] | Zeitlupe | |

A Liverpool hero

p. 60 it was **no** different	es war nicht anders	The weather in June was **no** better than in May.
canal [kəˈnæl]	Kanal	(F) le canal
(to) **shine** [ʃaɪn], **shone**, **shone** [ʃɒn]	scheinen *(Sonne)*	
laughter [ˈlɑːftə]	Gelächter	verb: (to) **laugh** – noun: **laughter**
surface [ˈsɜːfɪs]	Oberfläche	(F) la surface
(to) **seem (to be/do)** [siːm]	(zu sein/zu tun) scheinen	He **seems (to be)** very sad. What's wrong?
(to) **burn** [bɜːn]	brennen; verbrennen	The lights in the flat are **burning**. They must be in. Don't **burn** the magazines. I haven't read them yet.
(to) **drown** [draʊn]	ertrinken	She jumped into the river to save the boy from **drowning**.
nowhere [ˈnəʊweə]	nirgendwo; nirgendwohin	*English:* **out of nowhere** *German:* (wie) aus dem Nichts
(to) **dive in** [daɪv ˈɪn]	hineinspringen	

p.61	(to) **marry** sb. ['mæri]	jn. heiraten	verb: (to) **marry** – adjective: **married**
	career [kə'rɪə]	Karriere	Choosing a **career** as a police officer is one way to help your community. ⒡ la carrière
	sailor ['seɪlə]	Seemann, Matrose, Matrosin	
	body ['bɒdi]	Leiche	
	local ['ləʊkl]	örtlich, Lokal-; am/vom Ort	We like to buy food from **local** farmers. ⒡ local, e ⒧ locus, -i _m (Ort)_
	(to) **spread, spread, spread** [spred]	(sich) ausbreiten, verbreiten	The fire quickly **spread** to other parts of the building.
	funeral ['fjuːnərəl]	Trauerfeier	
	(to) **take place** [teɪk 'pleɪs]	stattfinden	Our next school trip will **take place** in October.
	(to) **name** [neɪm]	(be)nennen	**Name** three pop bands that you like.

Unit 4 My trip to Ireland

p.64	**impression** [ɪm'preʃn]	Eindruck	⒡ l'impression (f)
p.65	**brochure** ['brəʊʃə]	Broschüre, Prospekt	❗ stress: **brochure** ['brəʊʃə] ⒡ la brochure
	practical ['præktɪkl]	praktisch	Your ideas are good, but can you give me some **practical** help, too? ⒡ pratique

Part A

p. 66 **northern** ['nɔːðən]   nördlich, Nord-

northern ['nɔːðən]

western ['westən]   **eastern** ['iːstən]

southern ['sʌðən]

❗ Aussprache: **south** [saʊθ] – **southern** ['sʌðən]

coffee ['kɒfi]	Kaffee	(F) le café
giant ['dʒaɪənt]	Riese	(F) le géant

it **might** be the other side [maɪt]	es könnte die andere Seite sein	You **might** see the Queen if you wait outside Buckingham Palace. (= Maybe you'll see the Queen if you wait …)

möglich – wahrscheinlich – sicherlich				
	may			sind jetzt **vielleicht** zu Hause.
	might			**könnten** jetzt (**vielleicht**) zu Hause sein.
My parents	**could**	be at home now.	Meine Eltern	**könnten** jetzt zu Hause sein.
	should			**sollten/müssten eigentlich** jetzt zu Hause sein.
	must			**müssen** jetzt zu Hause sein.

as well [əz 'wel]	auch, ebenso	We don't only sell books, we sell magazines **as well**. You might **as well** stay here tonight. (Du könntest heute Nacht ebenso gut hier bleiben.)
column ['kɒləm]	Säule	(F) la colonne

(to) **rise up** [ˌraɪz_'ʌp], **rose** [rəʊz], **risen** ['rɪzn]	aufragen, emporragen (Berge, Säulen, Türme, …)	
nearly ['nɪəli]	fast, beinahe	= almost
(to) **form** [fɔːm]	bilden, formen	Ⓛ forma, -ae f (Form, Gestalt)
proud (of) [praʊd]	stolz (auf)	She's a very good student. We're **proud of** her.
challenge ['tʃælɪndʒ]	Herausforderung	My first day at *Gymnasium* was a **challenge** for me.
(to) **challenge** sb. **(to** sth.**)** ['tʃælɪndʒ]	jn. herausfordern (zu etwas)	We **challenged** them **to** a game of basketball. Maths doesn't really **challenge** me at the moment.
(to) **be left** [left]	übrig sein	There **aren't** any biscuits **left**. I've eaten them all.
Shall I …? [ʃæl]	Soll ich …?	It's hot in here. **Shall I** open the window?
advert ['ædvɜːt]	Werbespot, Werbung; Anzeige, Inserat	We bought our dog after we saw an **advert** in the local paper.
curious ['kjʊəriəs]	wissbegierig, neugierig	My brother is very **curious** and always wants to learn everything about everything. Ⓕ curieux, se Ⓛ cura, -ae f (Sorge, Neugier)
polite [pə'laɪt]	höflich	Ⓕ poli, e
impolite [ˌɪmpə'laɪt]	unhöflich	**polite ◄► impolite** Ⓕ impoli, e
border ['bɔːdə]	Grenze	Spain only has a **border** with Portugal and France.
(to) **change** [tʃeɪndʒ]	wechseln, umtauschen (Geld)	Don't forget to **change** money if you want to travel to Britain. Ⓕ changer

p. 68

currency ['kʌrənsi]	Währung	Until 2001, Germany's **currency** was the *Deutsche Mark*.
the EU [,i: 'ju:] (**the European Union** [,jʊərəpi:ən 'ju:niən])	die Europäische Union	
euro (€) ['jʊərəʊ]	Euro	

Pounds and euros				
In **Britain**, you pay with **pounds** and **pence**.			In **Germany**, you pay with **euros** and **cents**.	
You say:	*You write:*		*You say:*	*You write:*
fifty p [pi:] / **fifty pence** [pens]	**50 p**		**fifty cents** [sents]	**€ 0.50**
one pound / a pound	**£ 1**		**one euro / a euro**	**€ 1**
two pounds fifty	**£ 2.50**		**two euros fifty**	**€ 2.50**

ID card [,aɪ 'di: ka:d]	Personalausweis	
nation ['neɪʃn]	Nation, Volk	⒡ la nation ⒧ natio, -onis *f*
passport ['pa:spɔ:t]	(Reise-)Pass	⒡ le passeport
peace [pi:s]	Friede, Frieden	**peace ◄► war** ⒡ la paix ⒧ pax, pacis *f*
police station [pə'li:s steɪʃn]	Polizeiwache, -revier	
population [,pɒpju'leɪʃn]	Bevölkerung, Einwohner(zahl)	⒡ la population ⒧ populus, -i *m*
president ['prezɪdənt]	Präsident/in	❗ stress: **president** ['prezɪdənt] ⒡ le président, la présidente

republic [rɪˈpʌblɪk]	Republik	❗ stress: **republic** [rɪˈpʌblɪk]	Ⓛ res publica *f*
state [steɪt]	Staat	Ⓕ l'état *(m)*	Ⓛ status, -us *m (Zustand)*
visa [ˈviːzə]	Visum	Germans need a **visa** if they travel to India.	
pet [pet]	Haustier		
(to) **steal** [stiːl], **stole** [stəʊl], **stolen** [ˈstəʊlən]	stehlen	Where is your bike? – Somebody has **stolen** it.	
bank [bæŋk]	Bank		Ⓕ la banque

coordinator [kəʊˈɔːdɪneɪtə]	Koordinator/in		
layout [ˈleɪaʊt]	Layout, Gestaltung		
editor [ˈedɪtə]	Redakteur/in; Herausgeber/in	Ⓕ l'éditeur *(m)*, l'éditrice *(f)*	Ⓛ edere *(bekanntmachen)*
research *(no pl)* [ˈriːsɜːtʃ]	Recherche, Forschung(en)	I have to do some **research** on Ireland for homework.	
result [rɪˈzʌlt]	Ergebnis, Resultat	Have you heard the football **results**? Did we win? Ⓕ le résultat	
(to) **suggest** sth. **(to** sb.**)** [səˈdʒest]	(jm.) etwas vorschlagen	*English:* Dad **suggested** that we go to the cinema. *German:* Dad **schlug vor**, ins Kino zu gehen. ❗ (*not:* Dad suggested ~~to go~~ …)	
discussion [dɪˈskʌʃn]	Diskussion		Ⓕ la discussion
decision [dɪˈsɪʒn]	Entscheidung	verb: (to) **decide** – noun: **decision**	Ⓕ la décision

Part B

p.70	**angel** ['eɪndʒl]	Engel	(F) l'ange (m)
	heaven ['hevn]	Himmel (im religiösen Sinn)	❗ clouds in the **sky** / angels in **heaven**
	service ['sɜːvɪs]	Gottesdienst	(L) servire (dienen)
	(to) check sth. **out** [ˌtʃək ˈaʊt] (infml)	sich etwas anschauen, anhören; etwas ausprobieren	Our new CD is called "No sky in heaven". **Check it out**!
	He was like: "Stop ..." (infml)	Und er so: „Stop ..."	
	motorbike ['məʊtəbaɪk]	Motorrad	
p.71	**suit** [suːt]	Anzug	
	(to) smoke [sməʊk]	rauchen	
	pipe [paɪp]	(Tabaks-)Pfeife	

motorbikes   pipe   (F) la pipe   suit

He's **smoking** a **pipe**.

	like (infml)	als ob	What's he doing? – He looks **like** he's crying. ❗ Diese umgangssprachliche Verwendung von **like** wird von manchen als falsches Englisch empfunden. Besonders im Schriftlichen solltest du **as if** für das deutsche „als ob" benutzen: He looks **as if** he's crying.
p.72	**hell** [hel]	Hölle	**heaven** ◄► **hell**

by 8 pm [baɪ]	bis (spätestens) 20 Uhr	You must be here **by** 8 pm. (= not later than 8 pm)	
(to) **have a shower** [ˈʃaʊə]	(sich) duschen	*English:* First I make tea, then I **have a shower**. *German:* …, dann dusche ich (mich).	
electronic [ɪˌlekˈtrɒnɪk]	elektronisch		(F) électronique
the Atlantic (Ocean) [ətˈlæntɪk]	der Atlantik, der Atlantische Ozean		
p. 73 **beginning** [bɪˈɡɪnɪŋ]	Anfang, Beginn	verb: (to) **begin** – noun: **beginning**	
guest [ɡest]	Gast		
facial expression [ˌfeɪʃl̩ ɪkˈspreʃn]	Gesichtsausdruck, Mimik		
interaction [ˌɪntərˈækʃn]	Interaktion, Umgang		(L) agere *(tun, handeln)*

Part C

p. 74 **arrival** [əˈraɪvl]	Ankunft	verb: (to) **arrive** – noun: **arrival**	(F) l'arrivée *(f)*
weird [wɪəd]	seltsam, komisch	I have a **weird** feeling that something is wrong.	
ride [raɪd]	Ritt, Ausritt		
(to) **be alive** [əˈlaɪv]	leben, am Leben sein	(to) **be alive** ◄► (to) **be dead**	
argument [ˈɑːɡjumənt]	Streit, Auseinandersetzung	❗ stress: **argument** [ˈɑːɡjumənt]	
(to) **miss** [mɪs]	vermissen	I enjoyed my trip to France, but I **missed** my friends. ❗ (to) **miss** = 1. verpassen; 2. vermissen	

round here [ˌraʊnd ˈhɪə]	hier in der Gegend	**Round here**, we're all United fans.
(to) **stare (at** sb./sth.**)** [steə]	(jn./etwas an)starren	You shouldn't **stare at** people. It's impolite.
(to) **care about** sth. [keə]	etwas wichtig nehmen	ⓁＬ curare *(sorgen für)*

(to) care
1. I **don't care** about money.   Geld ist mir egal.
2. In the city, people **wouldn't care** what I looked like.   In der Großstadt wäre es den Leuten egal, wie ich aussehe /
                                                                würde sich niemand darum kümmern, wie ich aussehe.
3. I really **care** about animals.   Tiere liegen mir sehr am Herzen. / Tiere sind mir sehr wichtig.
4. Her parents are really rich. – Who **cares**?   Ihre Eltern sind richtig reich. – Na und? / Wen interessiert das?

(to) **be starving** [ˈstɑːvɪŋ]	einen Riesenhunger haben	
(to) **unpack** [ˌʌnˈpæk]	auspacken	(to) **pack** (packen, einpacken) ◄► (to) **unpack**
God [ɡɒd]	Gott	
(to) **dislike** [dɪsˈlaɪk]	nicht mögen, nicht leiden können	(to) **like** ◄► (to) **dislike**
p. 75 **bang** [bæŋ]	Knall	
regional [ˈriːdʒənl]	regional	local – **regional** – national – international
		Ⓕ régional, e
accent [ˈæksənt]	Akzent	❗ stress: **accent** [ˈæksənt] Ⓕ l'accent *(m)*
standard [ˈstændəd]	Standard; Standard-	Ⓕ le standard

p.76	**boyfriend** ['bɔɪfrend]	Freund	
	girlfriend ['gɜːlfrend]	Freundin	
	(to) **welcome** sb. **(to)** ['welkəm]	jn. begrüßen (in), jn. willkommen heißen (in)	I'll make tea. Can you **welcome** the guests?
p.77	(to) **pass** [pɑːs]	vergehen, vorübergehen *(Zeit)*	The lesson was so interesting that the time **passed** really quickly. *(F)* passer
	next [nekst]	als Nächstes	That was nice. What are we going to do **next**?
	Easter ['iːstə]	Ostern	
	junction ['dʒʌŋkʃn]	(Straßen-)Kreuzung	
	pedestrian [pə'destriən]	Fußgänger/in	
	(to) **walk the dog**	mit dem Hund rausgehen, den Hund ausführen	
	(to) **kick** [kɪk]	treten	
	(to) **race** [reɪs]	rasen	
	traffic light ['træfɪk laɪt] **(oft auch: traffic lights** *(pl)***)**	(Verkehrs-)Ampel	
	traffic ['træfɪk]	Verkehr	
	(to) **turn** red/brown/cold/... [tɜːn]	rot/braun/kalt/... werden	❗ **turn** = „werden" wird hauptsächlich für Farbveränderungen und Wetterwechsel verwendet.
	van [væn]	Transporter, Lieferwagen	

junction

pedestrians

traffic light

He's **walking the dog**.

A car is **racing** down the street.

(to) **spin around** [ˌspɪn ə'raʊnd], **spun, spun** [spʌn]	sich (im Kreis) drehen; herumwirbeln	The girl **spun around** until she fell to the ground.
(to) park [pɑːk]	parken	
immediately [ɪ'miːdiətli]	sofort	My dog comes **immediately** when I call her. (F) immédiatement
siren ['saɪrən]	Sirene	❗ stress: <u>si</u>ren ['saɪrən]
(to) be gone [gɒn]	weg sein, nicht (mehr) da sein	I don't know where Steve is. He was here two minutes ago and now he**'s gone**.

The horse ride

| p. 78 **none (of ...)** [nʌn] | keine(r, s) (von ...) | He had 11 cousins but **none of** them lived near him. |
| **a couple** ['kʌpl] | ein Paar; ein paar | |

a young couple   a couple of sandwiches

folk (pl) [fəʊk] (infml)	Leute	The **folk** round here are very friendly to tourists.
line [laɪn]	Reihe	❗ line = 1. Linie; 2. Zeile; 3. Reihe
What's up?	Was gibt's? / Was ist los?	Can you come and help me? – Why, **what's up?**
trail [treɪl]	Weg, Pfad	There are lots of good riding **trails** in the hills behind our house.

(to) **sigh** [saɪ]	seufzen	
Now that ...	Jetzt, wo … / Nun, da …	**Now that** the school year is nearly over, we can make plans for the holidays.
slippery ['slɪpəri]	rutschig, glatt	
ditch [dɪtʃ]	Graben	
p. 79 **in the old days**	früher (einmal)	**In the old days**, there were no cars. People walked or rode horses.
gravestone ['greɪvstəʊn]	Grabstein	a **gravestone**
(to) **bury** ['beri]	begraben, beerdigen	He died on holiday in Spain and was **buried** there.
famine ['fæmɪn]	Hungersnot	(L) fames, -is f (Hunger)
disease [dɪ'ziːz]	(ansteckende) Krankheit	❗ • **disease** wird für ansteckende oder sehr ernsthafte Erkrankungen verwendet: She has a blood **disease**. Thousands of trees died from **disease**. • Das allgemeinere Wort für „Krankheit" ist **illness**: After a week of **illness**, she went back to school.
(to) **emigrate** ['emɪgreɪt]	auswandern, emigrieren	(F) émigrer
government ['gʌvənmənt]	Regierung	(F) le gouvernement
export ['ekspɔːt]	Export, Ausfuhr	(F) l'export (m)

stream [striːm]	Bach	She stopped at the **stream** and drank some water.
ashes (pl) ['æʃɪz]	Asche (sterbliche Überreste)	❗ • **ash** („Asche") wird verwendet für das, was übrig bleibt, wenn Holz, Papier, Kohle, Tabak verbrennt. • **ashes** (pl) („Asche") wird verwendet, – für die sterblichen Überreste nach der Ein-äscherung eines Verstorbenen; – für die Überreste nach einem Brand (z.B. eines Hauses).
glad [glæd]	froh, dankbar	
death [deθ]	Tod	
especially [ɪ'speʃli]	besonders, vor allem	I love chocolate, **especially** chocolate from Belgium.
thought [θɔːt]	Gedanke	verb: (to) **think, thought, thought** – noun: **thought**

Unit 5   Extraordinary Scotland

p. 82 **extraordinary** [ɪk'strɔːdnri]	außergewöhnlich	Ⓕ extraordinaire Ⓛ extra (außerhalb von); ordo, -inis f (Reihe)
(to) promote sth. [prə'məʊt]	Werbung machen für etwas	Shakira is on tour. She's **promoting** her new album.
bagpipes (pl) ['bægpaɪps]	Dudelsack	
Look out!	Achtung! / Aufgepasst!	**Look out**, a car's coming!

(to) **compete in** sth. [kəm'piːt]	an etwas teilnehmen (*Wettkampf*)	
sheepdog ['ʃiːpdɒg]	Hütehund	❗ Mit **sheepdog** werden in Großbritannien oft Border Collies bezeichnet, da Schäfer meist diese Hunderasse als Hütehund einsetzen.
trials *(pl)* ['traɪəlz]	Turnier, Wettkampf	
the Highlands *(pl)* ['haɪləndz]	das schottische Hochland	
on board [bɔːd]	an Bord	*English:* **on board** the ship/ferry *German:* **an Bord** <u>des Schiffes/der Fähre</u>
yacht [jɒt]	Jacht	❗ pronunciation: **yacht** [jɒt]
wee [wiː] *(bes. Scottish English, infml)*	klein	I live in a **wee** house in the Highlands. (= little, small)
isle [aɪl]	*(kleine)* Insel, Eiland	❗ Das Wort **isle** wird vor allem in dichterischer Sprache und in Eigennamen verwendet. Ⓕ l'île *(f)* Ⓛ insula, -ae *f*
(to) **identify** sb./sth. **(by** sth.**)** [aɪ'dentɪfaɪ]	jn./etwas identifizieren (anhand von etwas)	She **identified** the thief **by** his very big nose. Ⓕ identifier
dolphin ['dɒlfɪn]	Delfin	❗ stress: <u>**dol**</u>phin ['dɒlfɪn]
social media *(pl)* [ˌsəʊʃl 'miːdiə]	soziale Medien	
unusual [ʌn'juːʒuəl]	ungewöhnlich	Snow is very **unusual** in June.

| usual ['juːʒʊəl] | gewöhnlich, üblich | adjective: **usual** – Dad came home earlier than **usual**. |
| | | adverb: **usually** – He **usually** comes home later. |

Part A

p. 84	**volunteer** [ˌvɒlənˈtɪə]	Freiwillige(r), Ehrenamtliche(r)	(F) le/la volontaire
	sighting ['saɪtɪŋ]	Sichtung	The first **sighting** of the Loch Ness monster was in 1933.
	(to) **put your hand up**	sich melden	**Put your hand up** if you know the answer.
	(to) **photograph** ['fəʊtəgrɑːf]	fotografieren	
	pollution [pəˈluːʃn]	(Umwelt-)Verschmutzung	(F) la pollution
	(to) **spend time/money (on)** [spend], **spent, spent** [spent]	Zeit verbringen (mit); Geld ausgeben (für)	Mum says I **spend** too much time in front of my computer. My brother **spends** a lot of money **on** DVDs.
	(to) **protect** sb./sth. **(from sb./sth.)** [prəˈtekt]	jn./etwas (be)schützen (vor jm./ etwas)	Wear a hat to **protect** your head **from** the sun. Animals might get dangerous if they're trying to **protect** their young. (F) protéger
	(to) **teach** [tiːtʃ], **taught, taught** [tɔːt]	unterrichten, lehren	Mr Schwarz is a teacher. He **teaches** English. My sister is **teaching** me to play the guitar. (= ... bringt mir das Gitarrespielen bei.)

dorsal fin

fins

dorsal fin [ˌdɔːsl ˈfɪn]	Rückenflosse		
(to) **record** [rɪˈkɔːd]	aufzeichnen (Musik, Daten); dokumentieren (Daten)	The Beatles **recorded** their albums in London. I **recorded** every little detail in my little black book.	
location [ləʊˈkeɪʃn]	Position, Standort	Ⓛ locus, -i m (Ort)	
(to) **monitor** [ˈmɒnɪtə]	nachverfolgen; überwachen	Almost everything we do on the internet can be **monitored** by somebody.	
movement [ˈmuːvmənt]	Bewegung	verb: (to) **move** – noun: **movement** Ⓕ le mouvement Ⓛ movere (bewegen)	
rough [rʌf]	stürmisch, rau (See)	The sea was so **rough** that we stayed in the harbour.	
calm [kɑːm]	ruhig	My mum has a very **calm** voice. Ⓕ calme	
seasick [ˈsiːsɪk]	seekrank	I always get **seasick** on a boat when the sea is rough.	
p. 85 (to) **keep** [kiːp], **kept**, **kept** [kept]	aufheben, aufsparen; aufbewahren	Don't spend all your money now. **Keep** some for later. You should always **keep** milk in a cool place.	
(to) **relax** [rɪˈlæks]	sich entspannen, sich ausruhen		
p. 87 (to) **escape** [ɪˈskeɪp]	fliehen	His grandfather **escaped** from Germany in 1940.	
escape [ɪˈskeɪp]	Flucht		
split screen [splɪt ˈskriːn]	geteilter Bildschirm; Bildschirm(auf)teilung		

Part B

p. 88 **cue** [kjuː]	Stichwort, Signal *(Theater)*	He says "Where is she?" and that's your **cue** to enter.
fault [fɔːlt]	Schuld, Fehler	Why didn't you wake me up this morning? It's your **fault** that I'll be late for school.
backstage [ˌbæk'steɪdʒ]	hinter der Bühne	another word for "behind the stage"
rehearsal [rɪ'hɜːsl]	Probe *(Theater)*	
no one else [els]	niemand anders; niemand sonst	**No one else** has to help at home as much as I do.

> **... else**
>
> Oh Dad, why can't I go to Henry's party? **Everybody else** is allowed to go. **alle anderen; sonst jeder**
> I'm so tired. **Someone else** will have to wash the dishes. **jemand anders**
> Do you need **anything else** from the shops? **sonst noch etwas**
> **What else** can you tell us about Scotland? **was (sonst) noch**
> **Who else** wants to go to the festival in Edinburgh? **wer (sonst) noch**

(to) **concentrate (on** sth.**)** ['kɒnsntreɪt]	sich konzentrieren (auf etwas)	Please be quiet. I can't **concentrate** on my work. ❗ stress: **concentrate** ['kɒnsntreɪt] *(F)* se concentrer
(to) **pick on** sb. [pɪk] *(infml)*	auf jm. herumhacken	It's not nice to **pick on** people if they're fat.
(to) **be tired of** sth. ['taɪəd]	genug von etwas haben; etwas satt haben	I'm **tired of** this book. It's too long and very boring.
position [pə'zɪʃn]	Platz, Position	❗ stress: **position** [pə'zɪʃn] *(F)* la position *(L)* ponere *(stellen)*

p. 89	**tough** [tʌf]	(knall)hart, schwierig	Starting at a new school is a **tough** thing for most students.
	(to) **tread on** sb.'s **toes** [tred], **trod** [trɒd], **trodden** ['trɒdn] *(infml)*	jm. auf die Füße/Zehen treten *(auch im übertragenen Sinne)*	Hey, look out – you just **trod on** my **toes**! Maybe I'm **treading on** some people's **toes** here, but I think I could do the job better than everybody else.
	(to) **give** sb. **a hard time** *(infml)*	jn. fertig machen, jm. einheizen; jm. das Leben schwer machen	
	(to) **calm down** [ˌkɑːm 'daʊn]	sich beruhigen	*English:* (to) **calm down** ┃ (to) **calm sb. down** *German:* <u>sich</u> **beruhigen** ┃ **jn.** beruhigen
	description [dɪ'skrɪpʃn]	Beschreibung	verb: (to) **describe** – noun: **description** Ⓕ la description Ⓛ scribere *(schreiben)*
p. 90	**direct** [də'rekt], [daɪ'rekt]	direkt	**direct** ◀▶ **indirect** [ˌɪndə'rekt], [ˌɪndaɪ'rekt] Ⓕ direct, e / indirect, e
p. 91	**whenever** [ˌwen'evə]	wann (auch) immer; egal, wann	

---

whenever, wherever, whatever, whoever

At my school, we're allowed to use dictionaries **whenever** we want.   … **wann immer wir wollen**
I'll find you, **wherever** you are.   … **wo immer du (auch) bist / egal, wo du bist**
We will help you, **whatever** happens.   … **was immer auch geschieht / egal, was geschieht**
Whoever told you that was wrong.   **Wer immer dir das auch erzählt hat,** …

| | **platform** ['plætfɔːm] | Plattform | ❗ **platform** = 1. Plattform; 2. Bahnsteig, Gleis |
| | **comedian** [kə'miːdiən] | Komiker/in, Komödiant/in | Ⓕ le comédien, la comédienne |

entertainment [ˌentəˈteɪnmənt]	Unterhaltung	There's usually lots of **entertainment** on a cruise ship: films, shows, concerts, competitions, etc.
(to) **interest** sb. [ˈɪntrəst]	jn. interessieren	❗ • He's **interested in** films. Er interessiert sich für … • Films **interest** him. Filme interessieren ihn.

p. 92 **handout** [ˈhændaʊt] — Handout, Handzettel

transparency [trænsˈpærənsi] — Folie

lynx [lɪŋks], *pl* **lynx** *or* **lynxes** — Luchs

habitat [ˈhæbɪtæt] — Lebensraum — The natural **habitat** of the panda is China.
(L) habitare *(wohnen)*

coat [kəʊt] — Fell

predator [ˈpredətə] — Raubtier — ❗ pronunciation: **predator** [ˈpredətə]
(L) praeda, -ae *f (Beute)*

mammal [ˈmæml] — Säugetier

territory [ˈterətri] — Revier, Territorium — (F) le territoire   (L) terra, -ae *f (Erde, Land)*

p. 93 **element** [ˈelɪmənt] — Element

necessary [ˈnesəsəri] — notwendig, nötig — You can phone me on my mobile if **necessary**.
(F) nécessaire   (L) necesse est *(es ist notwendig)*

Unit 5   53

Missing

p. 94 **missing** ['mɪsɪŋ] — verschollen, vermisst

heather ['heðə] — Heide(kraut)

below [bɪ'ləʊ] — unten, darunter; unter, unterhalb (von) — From the plane, the buildings **below** were so small. / Your mouth is **below** your nose.

above [ə'bʌv] — oben, darüber; über, oberhalb (von) — The buildings looked very small from **above**. / Your eyes are **above** your nose.

tension ['tenʃn] — Spannung, Anspannung — (F) la tension

whistle ['wɪsl] — Pfiff — ❗ **whistle** = 1. pfeifen; 2. Pfiff; 3. (Triller-)Pfeife

in horror ['hɒrə] — entsetzt — We watched **in horror** as Messi scored his fifth goal.

noise [nɔɪz] — Geräusch; Lärm — noun: **noise** – adjective: **noisy**

(to) **reach over** [ˌriːtʃ_ˈəʊvə] — die Hand ausstrecken — He **reached over** and quietly stole a biscuit.

dry [draɪ] — trocken — **dry** ◄► wet

(to) **beat** [biːt], **beat** [biːt], **beaten** ['biːtn] — schlagen; besiegen — I **beat** my father at tennis last Sunday.

(to) **read** sb.'s **mind** [maɪnd] — jemandes Gedanken lesen — Sometimes I wish I could **read your mind**.

shepherd ['ʃepəd]	Schäfer/in, Schafhirte/-hirtin	

the sky above

heather   shepherd   sheepdog

jealous (of) ['dʒeləs]	neidisch (auf); eifersüchtig (auf)	You get so much pocket money! I'm really **jealous**. She was **jealous of** her baby brother. She thought her parents loved him more.
(to) hate [heɪt]	hassen	(to) love ◄► (to) **hate**
p. 95 **(to) burst into tears, burst, burst** [bɜːst]	in Tränen ausbrechen	When I saw that the dog was dead, I immediately **burst into tears**.
gently ['dʒentli]	behutsam, sanft	
awake [ə'weɪk]	wach	**awake** ◄► asleep
(to) knock (on sth.**)** [nɒk]	(an)klopfen (an etwas)	I **knocked** and went in.
memorial [mə'mɔːriəl]	Denkmal; Gedenk-	There's a war **memorial** by the church in our village. Ⓛ memoria, -ae *f (Erinnerung)*
p. 96 **in second place**	auf dem zweiten Platz; an zweiter Stelle	Ⓛ secundus, -a, -um *(zweiter)*

Irregular verbs

infinitive	simple past	past participle	
(to) **be**	*I/he/she/it* **was**; *you/we/you/they* **were**	**been**	sein
(to) **beat**	**beat**	**beaten**	schlagen; besiegen
(to) **become**	**became**	**become**	werden
(to) **begin**	**began**	**begun**	beginnen, anfangen
(to) **bend**	**bent**	**bent**	sich bücken, sich beugen
(to) **bite** [aɪ]	**bit** [ɪ]	**bitten** [ɪ]	beißen
(to) **blow** sth. **out**	**blew**	**blown**	etwas auspusten, ausblasen
(to) **break** [eɪ]	**broke**	**broken**	brechen; zerbrechen
(to) **bring**	**brought**	**brought**	(mit-, her)bringen
(to) **build**	**built**	**built**	bauen
(to) **burst** into tears	**burst**	**burst**	in Tränen ausbrechen
(to) **buy**	**bought**	**bought**	kaufen
(to) **catch**	**caught**	**caught**	fangen
(to) **choose** [uː]	**chose** [əʊ]	**chosen** [əʊ]	aussuchen, (aus)wählen; sich aussuchen
(to) **come**	**came**	**come**	kommen
(to) **cost**	**cost**	**cost**	kosten
(to) **cut**	**cut**	**cut**	schneiden

(to) **do**	**did**	**done** [ʌ]	tun, machen
(to) **draw**	**drew**	**drawn**	zeichnen
(to) **drive** [aɪ]	**drove** [əʊ]	**driven** [ɪ]	*(mit dem Auto)* fahren
(to) **drink**	**drank**	**drunk**	trinken
(to) **eat**	**ate** [et, eɪt]	**eaten**	essen
(to) **fall**	**fell**	**fallen**	fallen, stürzen; hinfallen
(to) **feed**	**fed**	**fed**	füttern
(to) **feel**	**felt**	**felt**	fühlen; sich fühlen
(to) **fight**	**fought**	**fought**	(be)kämpfen
(to) **find**	**found**	**found**	finden
(to) **fly**	**flew**	**flown**	fliegen
(to) **forget**	**forgot**	**forgotten**	vergessen
(to) **get**	**got**	**got**	bekommen; holen, besorgen; werden; gelangen, (hin)kommen
(to) **give**	**gave**	**given**	geben
(to) **go**	**went**	**gone** [ɒ]	gehen
(to) **grow**	**grew**	**grown**	wachsen; anbauen, anpflanzen
(to) **hang**	**hung**	**hung**	hängen
(to) **have**	**had**	**had**	haben

infinitive	simple past	past participle	
(to) **hear** [ɪə]	**heard** [ɜ:]	**heard** [ɜ:]	hören
(to) **hide** [aɪ]	**hid** [ɪ]	**hidden** [ɪ]	verstecken; sich verstecken
(to) **hit**	**hit**	**hit**	schlagen
(to) **hold**	**held**	**held**	halten
(to) **hurt**	**hurt**	**hurt**	schmerzen, wehtun; verletzen
(to) **keep**	**kept**	**kept**	aufheben, aufsparen; aufbewahren
(to) **kneel** [ni:l]	**knelt** [nelt]	**knelt** [nelt]	knien
(to) **know** [nəʊ]	**knew** [nju:]	**known** [nəʊn]	wissen; kennen
(to) **lead** [i:]	**led**	**led**	führen, leiten
(to) **leave** [i:]	**left**	**left**	(weg)gehen; abfahren; (zurück)lassen; verlassen
(to) **let**	**let**	**let**	lassen
(to) **lie**	**lay**	**lain**	liegen
(to) **light** [aɪ]	**lit** [ɪ]	**lit** [ɪ]	anzünden
(to) **lose** [u:]	**lost** [ɒ]	**lost** [ɒ]	verlieren
(to) **make**	**made**	**made**	machen; herstellen
(to) **mean** [i:]	**meant** [e]	**meant** [e]	bedeuten; meinen
(to) **meet** [i:]	**met** [e]	**met**	treffen; sich treffen; kennenlernen
(to) **pay**	**paid**	**paid**	bezahlen

(to) **put**	**put**	**put**	*(etwas wohin)* tun, legen, stellen
(to) **read** [iː]	**read** [e]	**read** [e]	lesen
(to) **ride** [aɪ]	**rode**	**ridden** [ɪ]	reiten; *(Rad)* fahren
(to) **ring**	**rang**	**rung**	klingeln, läuten
(to) **rise up** [aɪ]	**rose**	**risen** [ɪ]	aufragen, emporragen
(to) **run**	**ran**	**run**	rennen, laufen
(to) **say** [eɪ]	**said** [e]	**said** [e]	sagen
(to) **see**	**saw**	**seen**	sehen
(to) **sell**	**sold**	**sold**	verkaufen
(to) **send**	**sent**	**sent**	schicken, senden
(to) **shake**	**shook**	**shaken**	schütteln
(to) **shine** [ɒ]	**shone** [ɒ]	**shone** [ɒ]	scheinen *(Sonne)*
(to) **sing**	**sang**	**sung**	singen
(to) **sit**	**sat**	**sat**	sitzen; sich setzen
(to) **sleep**	**slept**	**slept**	schlafen
(to) **speak** [iː]	**spoke**	**spoken**	sprechen
(to) **spend**	**spent**	**spent**	*(Zeit)* verbringen; *(Geld)* ausgeben
(to) **spin around**	**spun**	**spun**	sich (im Kreis) drehen; herumwirbeln
(to) **spread** [e]	**spread** [e]	**spread** [e]	ausbreiten, verbreiten; sich ausbreiten, verbreiten

infinitive	simple past	past participle	
(to) **stand**	**stood**	**stood**	stehen; sich (hin)stellen
(to) **steal**	**stole**	**stolen**	stehlen
(to) **stick**	**stuck**	**stuck**	stechen, stecken
(to) **swim**	**swam**	**swum**	schwimmen
(to) **take**	**took**	**taken**	nehmen, mitnehmen; (weg-, hin)bringen; dauern, *(Zeit)* brauchen
(to) **teach**	**taught**	**taught**	unterrichten, lehren
(to) **tell**	**told**	**told**	erzählen, berichten
(to) **think**	**thought**	**thought**	denken, glauben
(to) **throw**	**threw**	**thrown**	werfen
(to) **tread** [e]	**trod**	**trodden**	treten
(to) **understand**	**understood**	**understood**	verstehen
(to) **wake up**	**woke up**	**woken up**	aufwachen; (auf)wecken
(to) **wear** [eə]	**wore** [ɔː]	**worn** [ɔː]	tragen *(Kleidung)*
(to) **win**	**won** [ʌ]	**won** [ʌ]	gewinnen
(to) **write**	**wrote**	**written**	schreiben

False friends (Falsche Freunde)

Es gibt einige Wörter, die im Englischen und Deutschen ähnlich klingen oder aussehen, aber eine ganz andere Bedeutung haben – sogenannte *false friends*.
Hier sind einige Beispiele:

English	German	German	English
also	= auch	also	= **so; Well …**
become	= werden	bekommen	= **get**
boot	= Stiefel	Boot	= **boat**
build	= bauen	bilden	= **make, form**
chips	= Pommes frites	Kartoffelchips	= **crisps**
fire	= Feuer	Feier	= **celebration**
kind	= freundlich	Kind	= **child**
handy	= praktisch	Handy	= **mobile**
listen	= zuhören	Listen	= **lists**
map	= Landkarte	Mappe	= **folder**
mist	= Nebel	Mist *(Unsinn)*	= **rubbish**
snake	= Schlange	Schnecke	= **snail**
stay	= bleiben	stehen	= **stand**
where	= wo	wer	= **who**
while	= während	weil	= **because**

> **TIP**
> Wenn du nicht sicher bist, ob du es vielleicht mit einem *false friend* zu tun hast, dann schau vorsichtshalber in einem guten Wörterbuch nach.

English sounds

[iː]	gr**ee**n, h**e**, s**ea**
[i]	happ**y**, monk**ey**
[ɪ]	b**i**g, **i**n, **e**xpensive
[e]	r**e**d, y**e**s, ag**ai**n, br**ea**kfast
[æ]	c**a**t, **a**nimal, **a**pple, bl**a**ck
[ɑː]	cl**a**ss, **a**sk, c**a**r, p**a**rk
[ɒ]	s**o**ng, **o**n, d**o**g, wh**a**t
[ɔː]	d**oo**r, **o**r, b**a**ll, f**ou**r, m**o**rning
[uː]	bl**ue**, r**u**ler, t**oo**, tw**o**, y**ou**
[ʊ]	b**oo**k, g**oo**d, p**u**llover
[ʌ]	m**u**m, b**u**s, c**o**lour
[ɜː]	g**i**rl, **ea**rly, h**e**r, w**o**rk, T-sh**i**rt
[ə]	**a** partner, ag**ai**n, t**o**day

[eɪ]	n**a**me, **eigh**t, pl**a**y, gr**ea**t
[aɪ]	t**i**me, r**igh**t, m**y**, **I**
[ɔɪ]	b**oy**, t**oi**let, n**oi**se
[əʊ]	**o**ld, n**o**, r**oa**d, yell**ow**
[aʊ]	t**ow**n, n**ow**, h**ou**se
[ɪə]	h**ere**, y**ear**, id**ea**
[eə]	wh**ere**, p**air**, sh**are**, th**eir**
[ʊə]	t**our**

[b]	**b**oat, ta**b**le, ver**b**
[p]	**p**ool, **p**aper, sho**p**
[d]	**d**ad, win**d**ow, goo**d**
[t]	**t**en, le**tt**er, a**t**
[g]	**g**ood, a**g**ain, ba**g**
[k]	**c**at, **k**itchen, ba**ck**
[m]	**m**um, **m**an, re**m**ember
[n]	**n**o, o**n**e, te**n**
[ŋ]	so**ng**, you**ng**, u**n**cle, tha**n**ks
[l]	he**ll**o, **l**ike, o**l**d, sma**ll**
[r]	**r**ed, **r**uler, f**r**iend, so**rr**y
[w]	**w**e, **wh**ere, **o**ne
[j]	**y**ou, **y**es, **u**niform
[f]	**f**amily, a**f**ter, lau**gh**
[v]	ri**v**er, **v**ery, se**v**en, ha**v**e
[s]	**s**ister, po**s**ter, ye**s**
[z]	plea**s**e, **z**oo, qui**z**, hi**s**, mu**s**ic
[ʃ]	**sh**op, sta**ti**on, Engli**sh**
[ʒ]	televi**si**on, u**s**ually
[tʃ]	**t**eacher, **ch**ild, wa**tch**
[dʒ]	**G**ermany, **j**ob, pro**j**ect, oran**ge**
[θ]	**th**anks, **th**ree, ba**th**room
[ð]	**th**e, **th**is, fa**th**er, wi**th**
[h]	**h**ere, **wh**o, be**h**ind

The English alphabet

a	[eɪ]	**n**	[en]
b	[biː]	**o**	[əʊ]
c	[siː]	**p**	[piː]
d	[diː]	**q**	[kjuː]
e	[iː]	**r**	[ɑː]
f	[ef]	**s**	[es]
g	[dʒiː]	**t**	[tiː]
h	[eɪtʃ]	**u**	[juː]
i	[aɪ]	**v**	[viː]
j	[dʒeɪ]	**w**	['dʌbljuː]
k	[keɪ]	**x**	[eks]
l	[el]	**y**	[waɪ]
m	[em]	**z**	[zed]

Am besten kannst du dir die
Aussprache der einzelnen
Lautzeichen einprägen, wenn du
dir zu jedem Zeichen ein einfaches
Wort merkst –
das [iː] ist der **green**-Laut,
das [eɪ] ist der **name**-Laut usw.